창조문학대표시인선 · 299

보하 덕수 장엄가

普河 德水 莊嚴歌

한화덕 선문집 禪門集

창조문학

□ 서문

하얀 땅

하늘을 보고 내디디니
하얀 땅이 되었다
눈을 감아도 눈을 떠도

두 발과 두 눈이 맞닿은 곳
밤새 길이 하얗게 열려있어 가보았더니
그곳은 새 날의 새 땅이었다

생각 속으로 걸어온 땅
시간이 수레바퀴 되어 구르다
펼쳐진 또 하나의 땅

생각의 둥근 방 안에서 선문 禪門의 창을 지나
시심 詩心의 발원지까지

다시 바깥세상으로
관통하는 길이 있어
빛 따라 또 하나의 하루 속으로 걸어 나간다

2023년 12월
-한 화 덕

□ 작가 노트

튼실한 바람 한 점 불러와

튼실한 바람 한 점 불러와
생각의 익반죽으로 문살을 만든다
문살의 외벽에 바를 맑은 피부결
나는 그림자 되어
빗살에 투영된 형상을
그대로 옮겨낸다
나는 그림 속
시인이 되었다

보하 덕수 장엄가
한화덕 선문집

차례

1부 보전 여의 누각장엄

(寶殿 如意 樓閣莊嚴)

- 뜻에 따라 보배누각 거룩하게 장엄한 곳

보하 덕수 장엄가
한화덕 선문집

보하 덕수 장엄가
한화덕 선문집

2부 창해 망망 적멸궁

(滄海 茫茫 寂滅宮)

- 넓고 넓은 푸른 바다 거룩한 님 궁전일세

3부 천강유수천강월

(天江流水天江月)

- 천의 강에 물있으면 천의 강에 달이 뜨고

보하 덕수 장엄가
한화덕 선문집

4부 필경 무능 보은자

(畢竟 無能 報恩者)

- 님의 뜻 갚을 길 없으리라

보하 덕수 장엄가
한화덕 선문집

1부

보전 여의 누각장엄

(寶殿 如意 樓閣莊嚴)

\- 뜻에 따라 보배누각 거룩하게 장엄한 곳

내가 살아가는 이유

마당가 작은 석탑 아래
마음에 고인 샘물을 본다

고여 있는 연못 샘, 무영탑은 아니지만
아사달은 아니지만
떠나간 아사녀의 그림자를 찾는 건
또한 아니지만
맑은 물에 고여 있는 물의 풍경 속에는
혼란스러운 움직임의 세상,
그 떨림의 풍경이 있다

　그 아래
　본체, 본모습은 그대로
　그 자리 있음이라

그것이 내가 오늘 살아가는 이유다

빛의 신 神

나는 존재의 신이다
모든 사물의 가치를 명명하는

가는 선율의 현 絃의 손으로
채색 코트를 명도로 읽어내는

나는 빛의 신이다
바람의 그네줄 위에
곡예를 하는 빛의 신이다

존재의 근원을 부채살로 투사하는
무한 괘도 위에 여울지는
황금빛 파장의 손이다

그림자

빛으로 그림을 그리는
보이지 않는 자
형상을 찾아
뒷걸음에 서서
그의 분신이 되고자
어둠 속에 침묵으로 묵은 수행하고
밝은 날 그가 되기를
발원하는 간절한 소망을
간직한 자

절대 고독의 집

절대고독의 아름다운 집을 짓는다
지붕에는 붉은 꽃으로 단청하고
하얀 구름을 불러 처마위에 쉬어가게 하고
새들도 용마루에 노래하게 하리
향기와 소리로 가득한 빈뜰에 앉아
서산의 달빛은 푸른구름의 커튼사이로
보이지 않고 별들도 이제는
하나 둘 소등하며 아침을 기다린다
밝아오는 새날을 맞이해야겠다

탑의 방

탑속에 작은 방
오르수록 더 작아지는 방
피라밋 같은 높은 방

내 몸이 작아서인가
내 생각이 작아서인가
점점 작아지는 나의 몸

소리의 무게로만 가득 채워진 방
정수리엔
맑은 새의 목소리만 들리네

법공양

법 法의 그릇 하나있어

온 종일 먹고 또 먹어도

배부르지 않는 빈그릇이였네

한참을 공양하고 나니

지는 석양 빛만 가득 안겨

따뜻한 공양이 되었네

앵두 법우

햇살 아래
투명한 홍진주
머리엔 초록잎 보리수 월계관

빛을 불러와
쨍 부딪히는 순간
얼굴에 하얀 점으로 점안 點眼 하더니

오늘 바람이 낭창낭창 춤을 추어도
붉은 등 가슴에 매단 채
화두는 일념으로 수심 정진 중

개안 開眼한 눈망울이
땅에 떨어질 때는
성불 成佛하여 이 땅에 다시 환생하는 날

몇 겹의 윤회 위에 몸 받아
내게로 다시 온
그대 아닌가

나는 함께 부르노니
거룩한 님이시여 !

바람결에 눈물 한 줌 흘러나이다

사모하는 님께 보고픈 맘 전하며
내일모레 초하루 날
법회 때 뵙겠나이다

일신 日新

일신은 새로워진다는 것

날마다 새 날로

오 매 불 망 寤 寐 不 忘

오 매 일 여 寤 寐 一 如의 화두로

환희의 바람그네줄을 타는

법열 法悅의 곡예였다

행위의 옷

세세 생생
현생에는
마음만 남겨두고

지나온 행위따라
여러 모습의 옷을 입고
거듭 태어나니

습관이 몸을 만들고
업 業이 되어
윤회의 세상을 다시 살아가네

선사는
몸으로 배워
하얀 꽃길을 걸어가네

몸의 먼지

허공에 나부끼는 몸의 먼지는
바람이 되어 날아가고

사념에 일렁이는 한 조각 물거품은
바다의 지혜로 잠재우나니

가득하지만 비어있는 마음의 틈새로
쫓아온데도 없는 물살은 나도 모르게

왔다 썰물처럼 사라지네
항하사 恒河沙 티끌세계

오묘하고 신묘한 마음 생겨지어
항상 머물러 여여 如如한 그 마음이

보리심의 성과 聖果、
불과 佛果이다

인연 因緣

중생의 바다에

흔적없이 흩어지는 모래산

지혜의 바다에

소리없이 와서 정박하는 반야선의 손님

선정 禪定의 우물

- 촛불하나

I. 오로라 빛의 춤을 춘다
불쇼
오늘따라 광란의 춤이 아니다
멋진 불 그림자

바람을 살며시 모셔와
맑은 공기의 어울림으로 반죽하고
불심지에 하얀살을 붙힌다

돌고도는 회전축에
심지의 머리는
주장자로 꼿꼿이 세우고

검게 그을린 떠거운 몸은
소신공양하여
그대로 하얀 우물을 만든다

고인물은
자신이 태운
선정의 우물

II. 하얀 둥근 암벽 속에 증류석을 매단체
뚝 - ! 맑은소리 하나
새벽 우물가에 고인다

거룩한 눈물

- 산사의 풍경소리

자고나니 환생의 꿈이라는 걸 알았다

바람의 무게가 버거워 울고 있나
육신의 무게가 아직 남아서인가
허공에 목숨 줄 하나 걸어놓고

새벽 산사 인경소리 지난지 오래다
단청 처마 밑에 엎드려 세상소리 잊은지 오래다
적막과 고독이라는 이름을 잊은지 오래다

그 옛날
고향바다의 풍경소리가
내 안의 평안의 고요였음을

삶의 업業이
행복한 수행이라면
지고 있는 이 몸도 거룩하지 않은가

무아 無我의 빛

연기적 삶속의 나
무아 無我는
해탈의 빛이기에
그림자가 없다

연기적 삶은
세상 안에도 밖에도
실체가 없다
착각에 의한 삶의 기억일 뿐

무아 無我는
실체도 없고 그림자도 없다
연기적 삶속에
실천만이 빛으로 남는다

벽화

- 심우도 尋牛圖 숨은 그림

잊혀진 심우도
소의 몸을 곁에 두어 앞세우고
  방목하는 소의 꼬리 부여 잡고
  인생의 초원을 향해 다시 길 떠나네

내 인생에 소의 꼬리
몇 번이나 잡아 보았는가
  가다가 놓친 손
  내 영혼보다 더 무거운
소의 몸 덩치보다 더 무거운 육신의 무게
온전히 따라 나설 수 없었다
   오 매 불 망 寤 寐 不 忘
   오 매 일 여 寤 寐 一 如

소의 꼬리를 단단히 부여잡고
온 힘을 다해
  바람보다 더 센
  법신 法身의 힘을 정수리에 모아
고삐와 함께 잡는다
심우도 尋牛圖 ⑥번 그림의 횡보를 향해

사유 思唯의 향 물결

거룩하신 지존이시여 !!

당신의 생각은 이념의 세계 !
당신의 거룩한 품에 안길 수 있음이
광명이나이다

아름다운 뜻을 지닌 이념의 나라에
저의 생각을 담고
바람의 물에 씻겨 날리고
다시 다잡은 마음으로
오늘 앞에 앉았나이다

법전에 올린 옥수는
당신의 사랑결에 흐르는
가을 국화꽃같은
맑고 청정함으로 가득하여
노란 불꽃심지 같은
불꽃으로 일게 하소서

정진의 모습, 일념으로
당신의 법의 세계
사념은 사유가 되어 향 물결로 일렁이며
끝 없이 흐르게 하소서 !

정관수 正觀修

정관수는
물이 아니다
빛으로 분사되어 버리는
정수리의 일진 수직 관통의 길이다

빛의 발이 뿌리 되어 내리는
온 정신을 한데 올가매는
단단한 법신 法身의 힘이다

버려진 몸이 아닌
수혜를 입은
중생에게 내려진
가피의 배려다

아름다운 눈물

I. 몸이 없어 서러운 눈물

내딛는 소리없는 발자국마다
가랑거리는 낙엽소리만 바람에 가랑거릴뿐

밤새 분주한
흔적없는 발자취

II. 사곡사곡 눈 쌓이는 소리
공기의 떨림은 진동으로 소리를 전하고

어둠의 정적은
새벽 미명 未明의 문을 지나
生에 마지막 남았던 여진으로 내려찍는 하얀 선혈

삶의 향기가 묻은 김치 항아리 뚜껑 위에
손가락 마디 크기 하나의 하얀 발자국의 행보

III. 땅위에 흐르는 남은 온기는 형님이 정 情으로 머물고
에너지의 잔류는 점점 소진하고

승화된 기체로 소리따라 길을 가고

서산마루 달빛의 주파수로 소야곡을 쓰는
끝내는 슬픈 아름다운 눈물의 곡조이어라

물의 거울

- 하늘연가

푸른 거울을 보았는가
깨지지 않고 부서지지 않는
영원한 물의 거울

두발로 걷는 인간이 살고 있지 않고
네발로 기는 짐승도 보이지 않고

신선이 살고 있을 것 같은 보이지 않는 영역
선신이 발 딛고 있는 무욕의 지대

날개 옷 하나지어
잠시 날아 오를 수 있는 곳도 아닐텐데

두발은 땅에 묶인채
하얀 날개옷만 짓고 있다

어산 魚山

- 추산 秋山

어산 魚山은

바다가 그리워

빈 나뭇가지 능선에 가시로 세워

서산 마루에 앉았다

물고기의 환생을 그리고 있나

숲에 잠긴 물 그림자에

잠시 목을 축이네

태양의 창 窓

단단한 가슴 속에
붉은 연꽃 한 송이 자라나네
고로쇠 같은 맑은 수액 한 줄기 솟아
우듬지 그늘아래
땅의 샘솟는 정기로 불기둥을 세우고
올 곧은 마음은 하늘사랑 그리며
태양을 향해
창 窓을 열어 놓았네

태양의 샘물이 비치는 집

빛의 도르래로 태양샘의 샘물을 퍼 올린다
반달 같은 샘의 원천에서
빛의 파장을 보낸다
점점 커지는 분화구

붉은빛의 화산은
땅의 곤 坤의 영역까지 물든다
노오란 빛은 빛의 다리가 되어
땅으로 내려온다

하늘은 마침내 둥근 원 속에 또 하나의 세상
깊고도 푸른 달우물이다

땅에는 보랏빛 빛의 향기로 물들이고
꽃물도 태양물을 먹고 색을 입힌다
이 땅에 태양의 사랑이다
태양물을 먹고사는
작은 인간이 우주의 신에게
경배한다

빛의 프리즘의 조화는
융합으로 흰색으로 내려

조화롭게 빛의 샘물로 은혜를 입는다

태양 샘의 빛은
하얀 샘물을 누리에 뿌리는 온유한
자색의 영체다

바다의 품이 너른 이유

정적인 파문의 물살이
고요한 감성으로 잠재우기 때문이다

빛의 여진으로
생각을 끝없이 일깨우기 때문이다

내가 바다의 밭이랑에 누워
하늘을 보게 하기 때문이다

하얀 조개를 품고 있어
오색 영롱한 빛의 꿈을 꾸게 함이다

그 많은 빛을 오색 五色의 창으로
나누어 쓰는 오묘함의 세계이다

물은 빛을 받아 푸른 물방울로
사방에 산란하기 때문이다

하얀 포말 · 하늘 닮은 빛 · 파란 코발트 ·
연녹과 청록으로 물감 풀어놓고

늘 세상을

아름답게 기다리기 때문이다

점이 되고 왕국이 되게 하는
청푸른 너른 세상으로

거북이 · 사슴 · 학이 함께 · 해와 달이 쉬어가는
물의 누각이 있기 때문이다

하얀 낙원

- 목련 、18

오늘도 너의 하얀 왕국에 초대되었다
하얀빛들을 모아 섬이 되고
빛나고 투명한 영토가 되고

왔다가 잠깐 가는 자연사에
아주 빛나는 극치의 존재감으로
너는 꽃의 화왕 花王이 되었다

모란이 꽃의 화왕이라면
넌 내 낙원 동산에 백 白의 왕이다

화려함 뒤에 쓸쓸함마저 공유하고
다시 힘 돋우는 초록의 혈맥에 기를 세우고
또 맞이하는 계절의 황금 옷을 누리면서
또 한 번 흰 혈맥의 겨울 왕국을 맞으리

결코 쓸쓸하지만은 않은 너의 고풍은
대덕 大德의 문으로 가는 스승의 하얀 발자취

그 주장자 한 그루 여기 서 있다

백룡 白龍의 눈

- 하얀 빛의 눈

용의 눈을 닮았다
투명한 영체
맑게 이글거리는 저 눈빛 속에
세상을 붉게 담으려 했지만
하얀 백룡의 몸으로 태어난 숙명 宿命 이기에
맑고 고운 천성은 하얀 이슬같은 눈물
자꾸만 만들어야 했다

심안 心眼은 여의주를 품었지만
그윽한 눈빛 밖으로 둥글게 둥글게
때를 기다리는 바람의 몸부림으로
잔룡을 하나둘 가슴에 품어 키워내는
그의 몸짓은
한 방울 두 방울 땅에 내려 흐르는
빛의 등불이 될 때 까지
내년 봄 매화나무 등걸이에
하얀 빛의 눈眼으로
다시 화 花할 것을 다짐한다

나비의 화신 化身

흔들리지 않을 것을 아신게지
영혼의 위로
내 영혼의 작은 틈새를 보신게야
사랑으로 감성을 어루만지는 자비의 손길이야

그 틈새로
감성의 바람 불어라
나는 바람을 노래하고
하늘을 노래 하노라

밝고 푸른 하늘에
하얀 꽃잎들이 하나 둘 날아올랐다
나플되는 작고 어여쁜
나비의 날개짓 자유로운 함성도 보고

하얀 언어들이 흰 눈 꽃잎이 되어
일제히 수직 하강하여 내리는
순간의
바람의 힘도 보았네라

어둠은, 맑은 하늘의 품으로
사랑으로 감성을 어루만지는

순간의 자비의 손길이었어
흔들리지 않을 것을 아신게지

감성의 틈새로
예쁜 바람 불어온
하얀 나비의
화신 化身 일게야

물고기 어신 魚神

- 목련 27

하얀 구름타고 건너왔나
산마루 산맥의 능선을 지나
하얀 여백의 숲길로 지나온
구름의 운신 雲神

뼈없는 날개 깃으로
바람의 비늘을 일으켜 멀리도 왔구나
머금은 입가엔
마음만 말하지 못한 붉은 선율을 담고 있구나

열릴 듯 말 듯
닫혀있는 진주 조개 같은 입가에
어느 해신 海神이 숨겨놓은
밀어가 있더뇨

어디 나도 한 번
하얀 구름바다에 한 번 젓어 볼까나
내게로 헤엄쳐 닥아온
하얀 물고기 어신 魚神 !

달에 취한다

달에 취한다
달빛에 취한다
시월 상달, 둥근 보름의 얼굴에 취한다

깊고 그윽한 눈이여라
높게 돋아있는 콧날선이여라
닫힌 듯 열려있는 빛의 웃음이여라

늘 그대로인데
오늘 따라 하나님의 얼굴모습인가
관세음보살의 화현인가
세상을 빛으로 응시하는

화사한 눈빛 속에
노랗게 단장하심은
빛의 굴레선따라 이동하는 세상의 발걸음

서녁으로 바쁘게 걸어가는
빛의 발자국

매일 저녁, 황혼이 지는 수평선 하늘가에
12시간이 모자라

세상을 어둠 속에서도 관망하시랴
분주한 일상

한 달 중 보름의 주어진
밝은 빛의 시간의 행보는
어둠에 가려진
빛의 굴레선 따라 이동하는 세상의 발걸음

가려진 키 큰 목련 가을 잎 사이로
까치발 돋우고 달문 너머 손을 내민
빛의 악수,　그 손 맞잡고
빛의 사다리에 올라 광명의 기원을 올린다

살아있는 모든 이에게
고루한 평안과, 행복이라 느낄 수 있는 이름 거리가
날마다 일신 日新으로 태어나게 하심이
어떠하나이까
세상의 거룩한 지존이시여 !!

11월의 눈 雲

I. 하늘 강에서 분사하는
은어떼의 산란

세상 바다에 휘돌아
꿈을 키우고
바람에 일렁일 때 마다
휘적 - 휘적 돌아
푸른 물숲의 화원으로
갈잎의 음악 속으로
시가 있는 그림 속으로

꿈을 그리고
홀연히 깨어나는
장자의 나비의 꿈

II. 흰 구름은 푸른 강을 지나는 중 이었다
은어가 몹시 하얀 꿈이 그리웠나보다

바람의 시간

바람의 종소리
소리 없는 아우성이더냐
가지에 매단 채 바람의 시간을 기다리더냐

피지 못한 꽃
떨어지다 못한 나락이더냐
빈 쭉정이 바람의 걸망이더냐

붉은 주단 산 아래 능선
지난여름 두고 온 못다 지은 날개옷이더냐
동자승의 붉은 가사 장삼 어깨에 걸쳐 놓았더냐

한 잎 두 잎 떨어지는 타는 가을산
노란 발길따라 이제 떠나려 하느냐
무엇을 짊어지고 어디로 가려 하누뇨

담쟁이의 겨울 벽화 1

가지의 음영 陰影이 살아있다
흰 물감 만으로 그린

소나무가지 잔설 위에
굵은 가지 가는 가지 은솔 가지
오엽송이 가득하구나

누가 그렸는가
어쩜 저리도

빈가지는 계속 뻗어나가고
눈발 날리는 벽에 기대
바람의 붓으로 그림자를 그려내는

그 필력을
족히 30년 지난
전생에 아마도 화공 畵公이었을 그 누군가가

얼굴

이름 없는 얼굴 하나
사람 만나 표정이 되고
이름이 되고

감정의 분출구로 쉬어가는 마당
힘이 들 때 같이 눈을 감고
모른 척 하루 이틀
그래도 못 견딘 슬픔이 밀려올 땐
우물샘을 같이 파서 강물에 흐르게 하고

볕 좋은 날 그림을 그리는 스크린으로 펼쳐 놓고
하늘의 창을 대신 올려다보는 충복이 되기도 하고
땅을 바라보고 지키는 수문장이 되기도 하고

얼굴은
또 하나의 역사를 쓴다
삶의 발자국 따라 같이 걷는다
그래도 얼굴은
살아갈 만 했다

달과 해

천상에 태어난 하얀 여신

천강 天江에 달이 뜨네

밤이 되면 어둠을 빛으로 부수어

노오란 국화꽃 그리움의 향기 품고서
밝은 날 황금빛
아침바다 노을에 풀어
다시 태어나는 붉은 해

2부

창해 망망 적멸궁

(滄海 茫茫 寂滅宮)

- 넓고 넓은 푸른 바다 거룩한 님 궁전일세

생각으로 키우는 정원 2

이곳은
생각하지 않으면
자라나지 않는 공허의 땅입니다

나를 키우고
살찌우게 하는 원천의 땅은
생각 동산이요
땡그랑 붉은 종소리가 들리는

봄이면 하얀 눈꽃송이 앵두꽃으로 만개하고
이름 없는 벌나비 쉬어가
바람도 함께 따라 부르는
그런 터를 사랑합니다

생각 의자에서
자라나는 저의 마음과
몸의 에너지를
사랑합니다

생각하는 것만큼 키워내는
최고의 가치의 생산물을 수확하는
땅의 온유한 육성의 사랑 앞에

머리 숙여 경배합니다

오늘도
잠시 생각정원에 앉아
태양의 꿈을 갈무리합니다

춘신 春神

- 봄의 발길

창 밖에
나를 부르는 소리있어
발길이 찾아갔다

저너머
그 매서운 추운 겨울이 지나고
따스한 햇살이 지붕 위에
도르르 누워
봄의 향기를 만들고 있었다

누군가는 바람의 곡예로 나를 초대하고
누군가는 등명 燈明 할 몸을 위해
넓은 나뭇잎 겹겹이

단단한 거북등의 철갑옷을
햇살에 기워
춘신을 기다리는 중이다
지난 시간 겨울의 뜰 속에
기다린 보람에 앉아

일신 日新의 봄날

- 매화손님

해지난 2月에 떠난 매화야
올해는 3月의 훈풍에 다시 찾아왔느뇨

일월 日月의 창 너머로
까만 가슴 두 눈 감았기에
침묵인가 했더니

가지마다 파란소식
송글송글 품에 안고
이 봄의 문을 여는 손님이로다

일화에 천하춘 一花에 天下春이라
정녕내게도
일신의 봄날은 찾아오는가 !

매화 손님이여 !!
올해는 가는 발길 묶이지 말고
부디 이 가슴에
춘신 春信의 길상 吉祥 소식 한 장
전해주고 떠나시오

매화 梅花

- 하얀나비

너도
삼월보다
사월의 첫 날을 좋아하는 게로구나

지난 밤 굳게 다문 입술이
밤의 문을 열고
사르르 열리는 듯

머리엔
이 몽룡의 빛나는 화관 花冠이 되어도
설중매의 손 끝에 춤을 추는 무희 舞姬가 되어도

나는
가지아래 한 마리 나비되어
하얀 밤을 그리는 꿈을 꾸는 화가가 되어도

봄의 화신 化身

- 앵두나무

매화 향만촌
매화향기 가득한 마을에
매화 꽃 닮은
하얀 꽃잎의 앵두나무

이곳에 놀러와 터잡은지 어언 3~40 여년
너의 등걸이에는 검버섯이
세월따라 묻어나고

팔가지는 서로의 등에기대
힘을 받혀 굳은 약속이 되고

하이얀 다섯 꽃잎을
뭉글뭉글 그려내어
사군자 매화 닮은 너의 기상은
가히 봄의 문을 여는 여장군이로세

고목에 꽃이피듯
2月의 추운 기상에도 3月이 설레이는 마음에도
봄의 화신이 되어도 좋을 그대이여라

겨울 앵두나무

하얀 꽃님이 되어 웃던 날
나비 한 마리 향기 찾아와
문을 두드리고

다시 연 초록 잎은
초록물을 머금고
한 계절이 지나갔음을

나무는 기억한다
그 많은 시간들을
가지 사이에 추억으로 매달고

영상의 사진으로 매달고
그리움으로 매달고
나뭇잎 조각으로 매달고

낙엽의 화석은
다시 꽃이 되었다가 붉은 종소리가 되었다가
늘 푸른 마음의 아련한 잎이 되었다가
그저 눈감고 돌아보니
한 순간에 나무의 등걸이에 나이테 하나 새기고
다시 봄으로 내게 돌아와 서 있다

바람이 하는 말
- 앵두꽃 봄처녀

I. 그 웃음 참 좋네요
그 미소도 바람결에 곱네요

긴 시간 지나
이제는 꽃 청춘이네요

태아、유아기、청년기, 아동기
뽀송 뽀송 얼굴 쫑긋 내밀 때마다
시간의 문이 점점 열릴 때마다
그 모습 화사한 봄처녀 되었네요

가지꺾어 가슴보다
귓가에 얼굴보다
머리 댕기 곁에 꽂아
벌나비 기다리는
꽃 청춘 사랑이네요

II. 옹이 진 어미의 따뜻한 심장의 손을
이제는 떠나려 하네요
마침 꽃나라 열차 티켓을 나도 끊었어요

방울새도 연주대로 동행한답니다

관람시간은 완행열차가 특급이래네요
시간이 너무 빨라
마음으로 정지하고픈 순간에 올 때 마다
머물고 싶은 영상을 그릴 때 마다
그 시간은 더 주어지는 4月의 특급시간이랍니다

앵두 한 점

외딴섬 가지 끝에
푸른 울타리 두르고
홀로 움막을 짓고

로빈슨 크루소는
난파선 배에서 가져온 식량있어
끌어왔지만

너는 빛의 식량으로
바람의 친구도
고요롭게 어이 살아가는가

밤에는 붉은 등을 밝히고
어둠의 길을 열고
조요로운 시간 속에
새벽을 맞이하는 맑은 이슬 한 점
가슴에 사리로 맺혀도 좋을
그런 아침이여라

라스트 댄싱

- 바람의 춤, 가을 앵두

시 時의 끝자락을 잡고
향유하는 노란 몸짓

시류와 기류를 타고
비행하는 남은 자의 군무

향연이 되도록
낙원이 되도록
영토가 되도록

펼쳐진 마음으로
해마다 덧입는 색으로

가슴을 펴고
두팔을 벌리고

손에 손잡고
다섯 꽃잎, 하얀 봄의 서문을 열었다

앵두빛 눈망울의 맑은 사랑의 빛도 있었다

가끔 작은 물초롱 새의 날개짓
물빛 공연도 있었다

곁의 붉은 색 단풍이 어깨 춤을 함께 추고
서른 해 넘은 우람한 목련은
두 가지의 몸으로 하나되어 오르고

노란 금빛 속 푸른 잎은
넓은 연 連 잎을 닮으려 하고 있다

남은자
바라보는자
올려다보는자
깊어지는 바람의 춤

후줄근 내리는 가는 빗줄기의 음향까지
이제 공연은 길 위에 계속 진행된다

자산홍 연가

그 꽃향기
참 맛 있습니다

그대의 볼빛이
내 두눈에 어려

나는 맑은 눈을 가진
한 소년이 되었습니다

초록대문 곁에
봄의 성 안으로
드리우는 발길 멈추고

단장하는
일곱계단의 채색향
첫 계단에

하얀 철쭉의 손도
슬며시 잡아봅니다
그래도 될런지요

제 청춘의 순정도 그러할진데

다정히 어깨나누며
함께하는 그 모습

봄길에 걸어가는
꽃의 인생도
참 아름답습니다

어디선가
훈풍의 바람한 점 붑니다

오늘 밤에도 자산홍
그대의 눈빛 속에
맑은 눈을 가진 한 소년은

아름다운 별꽃하나
가슴에 새기겠습니다

철쭉 꽃

- 어린 왕자의 환생

아 - !
어쩔거나
이 찬란한 슬픔의 봄을

삼백예순날
하냥 우옵네다
김영랑 시인의
꽃의 여왕 모란
화왕 花王은 아니지만

하양 철쭉꽃 무리
초록더미 밤의 은별로 내려와
4月의 문안에

어느 해 보다
크고 아름다운
백색 빛나는
별무리
총총 박혀 놓여있네

떨어질줄 모르고
떨어지지 않는
영원의 보석하나

훈풍을 벗 삼아
태양 빛을 타고 온
크고 우람한
별나라
어린 왕자의 환생일테지

아 - 아쩔거나
바람아 멈추어다오
이 찬란한 슬픔의 봄을

개나리 아씨

휘영청 노란
달빛보다 눈부신 개나리아씨
올해도 나왔네요

유연한 바람의
춤사위만 좋아하는 줄 알았는데
하늘 곧은 기상은
목마른 염원의 기다림인가요

12가지 상념의 꽃대로
두 손 모아 세우고서
햇살 향한 마음

끝내 버리지 못할 마음
하늘에 꽂아두고
몸은 땅위로 내려앉아
기다림의 시간인가요

연약한 몸이 아니라
도약하는 정진의 기상으로
개나리 옷 입은 그대
봄의

개선장군입니다
그대의
꿈을 응원하렵니다

낙엽의 발자국

바스락 바람의 발자국
가다 누었다 뒤집었다
하늘 한 번 보고

재 너머 노란마을 언제 가려나
뚝 한 잎 새가 되어 앉아보고
고치가 되어 둘둘 말린 멍석이 되어보고

휙 바람처럼
바람의 마차 위에 올라 달려본다
바람의 종소리 불어올 때

실그네에 매달려 햇살 한 번 바라본다
바람의 날개 위로 포자번식 하듯
다음 생물은 또 어디에서 길 위에 맴돌까

목련 8

I. 하얀 폭포수
신부의 부케 같구나
송이송이 맺은 행복의 연줄
두 손 꼭 잡고
낭창낭창 외 시 버선발로
바람의 물결 따라
4月을 사유하는 저 오롯한 마음을

II. 쫑긋 내민 아가입술
하얀 미소는 널 닮아
아름다운 세상을 살아가누나

목련 9

황홀한 4월이다
물감으로 감정에 취하고
바람의 향연에
가지마다 도미파 선창하고
솔시레로 화답하고

처마위로 햇살 향해 이울던
하얀 목련은 간밤에 진종일 내린 비에
얼굴과 몸은 누런 화인 禍因 자리
그래도 온전히 함께 하는 순수 열정의 벗들이 있기에
하얀 축제의 시간은 계속된다

4月의 목련
- 하얀 부케

님은
올해도 하얀 부케를 두 손 모아 주건만은
나는 받지 못하고 문 앞에 서성인다

초례청에 설 낭군이 없어
다가올 듯 멀어지는 낭자의 손길이 없어
건네주지 못하는 바람의 발길처럼 돌아가게 하고

하늘 창가에 기대 서성이는
님의 손길처럼
이 봄도 우린 마주보며 여기 서 있노라

동박새와 가을목련

- 목련 10

목련의 가지아래
처마위 노란햇살이 도란거리고
동박새 하나둘 모여
잎새에 묻어둔 사랑
하나둘 묻어
가지 속에 옮겨심는

내년 봄에
하얀 낙원을 꿈꾸는
목련가족

황금의 옷

- 가을 목련 11

후득 - 후득
빗소리처럼 노란 물이 떨어지네

사계절 가슴에 안고
어느 새 내 안에 황금의 영토를 이루었구나

한 잎 한 잎 수 놓은 금빛 살에
노란 비단 옷

바닷길 따라 먼 길 떠나신 연오랑 延烏郎을 위해
님 따라 찾아나선 세오녀 細烏女를 위해

하늘 천신께 드릴
천의 天衣를 짓듯

'해달 못, 일월지' 바라보며
처마 위에 앉아

나도 금빛 살의 베틀 위로
수 놓아 보았네

겨울 목련의 잎새

- 목련 12

겨울 빈 가지에 앉아
떠나가지 못 하는
연민, 애착, 집착

아무 것도 가질 것 없으니
버리지 못 하는 빈 쭉정이

그 속에도 영혼의 한 점 알갱이가 남아
맴돌고 있는 설레임의 날개짓

이대로 좋다고 파릇한 봄기운 돌 때
그 때 넉넉한 푸른 마음 담고
떠나가도 좋으련만

겨울 목련의 백화 白畫

- 목련 13

첫 눈 오는 12월의 초순
하얀 붓펜을 들었다
하늘의 은혜로움으로
수 만개의 촛대를 만드는 중이다
일제히 은빛으로 세상을 모두 밝히고

은색화선지를 한 장 바람 결에 띄운다
좌측 상단에 45도의 늘어진 능선으로
휘엉청 가지를 몇 가닥 올리고

그 앞에 마주보는 곳에서 대각선 방향으로
긴 가지를 바람은 한 수 얹져 놓는다
대동하는 작은 곁가지 하나와 함께
질서 속의 또 다른 파격이다

그 마저 하나로 보는
멋있는 조형의 조합이다

그 위 화룡점정
저 멀리 후경으로

까치밥 감나무의 큰 감이
대롱매달려 고요 속에 붉은 침묵이다

하나의 멋진 백설의 화합

백의 화신 化身

- 목련 14

개화기의 절정은
백수련, 장엄한 연꽃이 되는거였다

"한 순간의 황홀을 위해
아리디 아린 눈물을 흘린다"는
문학거장, 홍문표 선생님의
초대시가 생각난다

이 이상의 찬양은 없다
마지막 절정의 순간
장면의 한 자락을 위해
시간은 멈추었다

정지 된 호흡 속에
하얀 숨결 !
아 - 어쩌면 좋을까요

나는 보았노라
그리고 그렸노라
하얀 빛들의 서기가

찬란한 꿈의 별꽃섬임을

한 잎 또 한 잎
돌아서는 뒷모습마저
서로 마주 본 듯
안과 밖이 똑같은 형상은
하얀 빛으로만 투사하여 볼 수 있는
이 땅 위에 백의 화신 化身

백수련, 장엄한 연꽃으로 화 化함의
피어나는 순간을
나는 야 이제야 보았노라

목련 15

I. 이제 전쟁은 끝났다
겨울 왕국 동장군과 맞서 싸운
투구와 갑옷은
봄길 위에 벗어 던지고
하늘 길에 내 딛는 발자욱은 가벼웁다

II. 하늘에 눈 부신 하얀 빛의 섬
신부의 멋진 부케로 한 아름 만들어
하이얀 왕국으로 달려가는
백의 화왕 花王

빛의 인장 印章

- 목련 16

해마다 푸른 철갑옷

오늘 하루도 해를 향해 마감하며

빛의 인장을 적는다

날마다 새로운 보이지 않는

하얀 빛의 거울

웃는 바람의 꽃잎, 강남목련
- 목련 17

I. 밤의 옷에
돋아난 하얀 가시
어둠 속 하나 둘 자라난 하얀 그루터기의 함성

강남의 별이 좋아
하루의 날이 좋아
날마다 자고 나
기분 좋게 돋아난 예쁜 가시

가시가 바람에 춤을 추면
하나 둘 꽃잎이 되고
벙긋이 벙긋이 꽃향기 한 잎 물고
뱅그르르 햇살따라 돌고
크게 한 번 웃음 뒤엔 열린 가슴은

결국 하얀 빛으로 돌아가는
적정 寂靜의 순간
툭 - !
바람도 숨죽여 꽃잎의 길을 열어야만 했다

다음 차례는 볕따라 찾아오는
강북의 목련인가
강남갔던 제비도 돌아오고
꽃향기 입에 물고
햇살따라 백수련같은 함박 웃음짓고
하얀 빛으로 부서지는
눈부신 그 꽃길이 또 열린다

우리도 햇살따라
함께 걷고 웃는 바람이다

길 위에 꽃잎이 걷고
바람도 걷고 함께 걷는다

올해도 강남의 목련이 먼저 웃는다
순서는 웃는 바람이 정한다

길 위에 웃음이 있는 바람
꽃잎 한 장 날린다

목련 예찬 시인

- 목련 20

차라리
한 송이 아련한
하얀 목련이 되어
바람에 춤을 추리

나는 길가에
홀로 서서
하얀 나그네 되어
바람을 부른다

가는 이 오는 이
말이 없는데
하늘보며
펼친 아홉손

그 의미도
알지 못 하고
그 가슴에 품은
뜻도 모른체

그 빈가슴의
사랑도 모른체
그저 나는 홀로 서서
기다리노라

바람을 부르노라
하얀 바람의
춤을 추노라
하얀 목련의 사랑이여

활짝 열린 가슴으로
꿈꾸는 연인이 되어
올해도 너를
연모하노라

사월의 길 위에
물결 흐르듯
빛나는
나의 꿈의 보석이여

목련 애찬시인

한화덕은
그대를
노래하노라

떠나가는 배를 본적 있는가

- 목련 22

I. 하얀 꽃비에 맞아본 적 있는가
후드득 소나기 한 줄 내리치는
앞면 강타

나의 안면도 화상 우측에
한 잎 점안 點眼으로 내리찍고

II. 하얀 꽃배를 본 적이 있는가
그 찬 겨울을 이겨내고
승화하여 봄길의 땅위에 내린
하얀 꽃배를

바람에 노를 저어 가고 있구나
가다가 쉬어가는 삶의 정박에
오늘은 이 곳에서 쉬어가누나

III. 하얀 꽃배의 편지를 받아본 적 있는가
이제는 가슴 위에 앉아
머물러 백지의 편지를 한 잎 보내누나

아직 봄 찬 바람에 파르르 떨고 있는 마음
갈때를 알고 떠나가는가
나보고 그 마음을 알아 읽게 하누뇨
어쩌라고 무슨 말을 하여다오
희망의 설계는 세웠는가
어디를 가는지 알고 있는가

가다가 되돌아 보며 되묻지 말라

IV. 떠나가는 배를 본 적 있는가
맑은 영혼의 무게만큼
뚝 소리내어 땅에 머문다
고요한 정적은 바람의 배를 기다린다

떠나가는 배

V. 그대 꽃배의 소식을 알고 있는가

연잎의 배

- 가을목련 26

연잎의 배 띄워라
바람의 물살을 일으켜누나

이곳에 정박한지
어언 이레째
이제는 떠나야겠구나

계절이 머물다간 움막에
다시보지 못한 인연과
하지못한 손 사레 짓에
발이라도 담그고 머물지만

이제 바람물살 크게 일면
그 때는 홀연히 떠나가리라

해마다 다시오는 정박항구에
연꽃 잎 배 크게 맴돌아
바람의 향연을 기다리누나

움막에 새봄 돋아 꽃피는 날에

그 날 다시
연꽃 잎 배 한 척 빚어
하늘 강에 띄우리라 !

목련이 사는 우리집 하늘공원

- 목련 28

목련이 진자리
초록 잎 새살 돋고

햇살이 살짝 내비치는
우리 집 오후 하늘공원

머물다간 하얀 몸은
갈색의 옷으로 말없이 벗어놓고

향긋한 향기마저 드리우고
녹색의 봄을 안고 있구나

푸르른 봄날에도
하늘 아래 빛과 어둠 속에서도

별빛과 달빛 마주하며
태양의 샘을 기다리누나

그대 거기있고
난 여기 있는데

머무는 향기 속에
시간과 공간이 함께 하누나

키 크고 품 넓은
온유하게 자리한 성품에

나르는 새도 한 쌍
바람그네에 머물다가리

아이들 웃음소리
선신이 들어시는

초록 바람이 머무는 곳
그대, 향기 있음에

만개한 꽃
- 목련 29

눈 부신 하늘에 만개한 꽃
오늘은 길 위에
후드득 후드득 내린다

떠나는 순간도
일화의 오엽, 흰 앵두 꽃 연잎은 다섯 손 팔랑거림
길 위에 발자국이 된다

툭, 한 잎 떨어지는
하얀 목련은 길 위에 도열하며
엎치락 뒷치락 바람의 질서를 기다린다

만남과 헤어짐이 서로 한 울타리에
공생을 약속하고
한 터에서 햇살의 반짝임의 색을 만든다

가을 목련

- 목련 30

태우지 못한 정념의 화신은
태생에 없었다

붉은 단풍이 아니고
붉그락 물든 낙엽의 이름도 아니고

노랗게 빛바랜 잎들이
어느 새 갈변의 곰삭은 잎들로 바스락거리는

예쁘게 노란 빛으로 출렁이며 맑게 빛은
그 순간이 삶의 극치의 순간임을 !!

해마다 붉그락 남아있는 애민함이
세월의 시간 속 삶에 영글어가는 숙성의 모습이듯이

이제 남은 잎들은
노란 빛으로 돌아가야 하는 시간 속에

태울 수 없는 연민은
태워도 태워지지 않는 온전함의 몸짓으로

끝내 올 곧은 나무
땅에 일어서서 바람길 걸어가리

3부

천강유수천강월

(天江流水天江月)

- 천의 강에 물있으면 천의 강에 달이 뜨고

장미의 아성
- 붉은 생의 한자락

불꽃아성이다

해와 달의 만남의 긴 시간 속에 그려낼

소쩍새 자규를 부르는
맑디 맑은 고백서이다

어쩌라고 맑은 영혼

이대로 끝나도 좋을

붉은 생의 한자락 여기서 있노라

어쩌라고, 여보시오

장미아씨와 도련님

붉은 이름의 장미아씨
장미 마을의 도련님 !
오늘 내술잔 한 잔 받으시지오

날마다 이 길을 걸어며
새 길을 지나듯
나와 함께 마음으로 걸어며 나누는
오늘이 있기에

비온 뒤 창의 문 너머로
맑은 풀잎 빚은 이슬주 한 잔
드리오리다

반갑게 지저대는
저 까치소리 벗을 삼고
오늘도 정담을 나눠 봄이
어떠실지요

머지않아 찔레꽃향기
나를 유혹한다해도
내 그 동안의 정담은 잊지 말아야겠지요

고마운 하시절의 인연과
바람부는 가을 날 지나
시간이 맺어준 인연으로
우리 함께 다시 만날

그리움의 하얀 겨울의 창에서
마음의 목소리로
또 얘기 나누실거죠

그 때도 우리 함께 얘기 나누어요
오늘은 이만줄입니다
나의 어여뿐 고을의 장미아씨와
장미방 도련님 !

빨간 신호등

빨간 장미 신호등 하나 불 밝힌다
노란 은행 나비 길 위로 나부낀다
초록 솔방울도 마지막 푸른 소리를 낸다

이제 남은 자의 몫이다
다음 생도 길 위에
그림 그리듯 마음을 담아낼까

우린 또
어디에서 만날까
생이 빛나는 순간

꺼져가는 불빛이 아니라
소생하듯 불꽃일 듯
한 생을 태우는

단풍잎 사이
햇살일 듯
하루를 담아낸다

붉은 바람의 꽃

- 그대 장미 사람아

화려한 젊음의 피라 말해다오
아직도 자연의 혈맥에 수혈하는
숲의 얼굴이라 말해다오

하얀 나비 나는
꿈의 궁전이라
말하여 다오

가던 길 되돌아
쉬어가는
숲의 여정이라 일러다오

하얀 여백의 길 위에
붉은 능선 길 따라 뿌려놓은
삶의 그림자라 일러다오

누군가의
마음이 머물러
붉게 응혈된 발자국

걸음걸음
바람과 소리와 색으로 빚은
마지막 탄성이라 일러다오

마침내 꽃으로 머물다
하얀 빛으로 승화하는
인꽃이라 일러다오

그대 가슴의 물결에
다시 피어날 6월의 사랑
그 사랑 다시 만나기를 일러다오

바람의 꽃 앞에
서 있는
그대 발길의 사랑아 !

찔레장미 2

오늘은 올망졸망 모여살구나
가족인게로지

서로 마주보며 원을 그리고
포물선을 그리고 길 아래 목을 길게 드리우고
잔물결 바람에 일렁이는 박수까지

너는 잎이 되고
나는 꽃이 되고
초록 줄기 위 철로선의 가시길도 비켜가누나

전선의 하늘 입체 교차로 위에
쉬어가는 참새들 음악소리도 연주하고
하늘은 찌뿌런데
너의 얼굴은 아직도 홍안이다

굽어보는 언덕에
자동차 발걸음도 한적한 곳
오늘은 심심하지 않겠구나

초록더미 품에 안겨
세월의 무게를 이겨내는게로지

늘 푸른 청춘 가슴에 안은 생명의 샘
늦 가을로 가는 여울목
너는 아직도 홍안의 청춘이구나
나도 너의 곁에 발길 멈추어서
붉은 옷깃을 여민다

붉은 사랑의 웃음

초록 찔레꽃 능선따라
붉은 포물선
그리다 그리다
바람그네에 순간올라

까만 전선줄에
몸을 의탁한 너는
전생에
외줄타기 삐에로

그 차오르는 힘은
어디서 샘솟는가
그 받쳐주는 힘은
누구의 사랑이련가

대지의 은혜
땅의 겸손함에
머리숙여 아래로 경배드리는
너의 붉은 사랑의 웃음

끝나지 않은 마지막 곡예에
노을의 길 위에

오는 이 가는 이 바라보는
사랑의 웃음이라

6월의 향기따라
나도 여기 함께 붉게 물들며
순간 바람을
기다리노라

지상의 별

- 붉은 찔레 장미

당신은
유월의 장미가 되려다
10월 어느 가을 날의 찔레 장미가 되어

가슴 조아리다
붉은 멍울은 마침내 꽃으로 화하였습니다

초록 더미 위에 잉태한 붉은 두 눈망울은
사방을 바라봅니다

더 멀리 더 높게 바람의 손짓따라
해가 사는 동문으로, 석양진 노을의 서문으로

하늘 길 오르는 북문으로,
그 아래 더 넓은 남문의 영토까지

마침내 태양의 누리빛 꽃물 먹고 자란
가을 향기 위로 춤을 추는

긴 여름 날의 고락의 시간을

어찌 잊을 수 있겠습니까

당신은 이제 가을녘 바람길따라
함께 걸어도 좋을 길의 동반자

태양의 샘물을 나누어 먹고 사는
지상의 아름다운 붉은 별이 되었습니다

나그네의 멈춰선 발길 뒤돌아보며
가슴아리도록 가슴아리도록 긴 시간 함께 보낸
당신과의 만남

어느 지구별 하나는
동문 위로 떠오릅니다

태양 닮은 가을

가을이 아름다운 것은
태양을 닮아
붉게 타들어
진동하는 몸이 있고

노오란 감성의
아름다운 색의 언어가
시간의 흐름 속에
변화를 창조하기 때문이지

하늘의 사랑이
햇살로 노래하고 바람으로 화답하는
마음의 결실을
꿈으로 빚기 때문이지

태양의 길

태양이 길을 찾아 나선다
하늘 저편　또 하나의 분신
고요의 세상 속
달의 여신 항아를 만나러

어둠을 관장하는 열정의 신
쉽게 만날 수 없는 달의 여신
계수나무아래 독백어체로 노래부른다

어둠이 일어날 때
달 창의 문을 두드린다
잠시 항아로 변신한 그녀를 만나길

달의 이슬만 먹고사는 그녀
어둠 속 기다림의 시간이다
기다림은 또 숨 쉬는 것
꿈을 그리며 나아가는 것

새벽의 약속을 지나 하얀 그리움이 피어나는
아침 햇살의 봄언덕

하늘가에서 음영의 그림자 되어 서로 만나는 것

하얀 속삭임으로
하늘가 열정의
빛의 꽃으로 피어나는 것

태양과 소년

회색빛 구름이 붉은 입을 벌리고
태양이 뿜는 여열의 빛을 삼키려 하고 있다

푸른 하늘가 태양의 둥근 호숫가는
썰물처럼 구름의 빛으로 흡수되고

거대한 태양의 분사력은
대륙같은 구름의 지층 앞에 엎드리고

태양과 소년의 작은 몸은 잠시 그늘에 숨어
얼굴을 가린채 때를 기다린다

구름이 틈 사이로 태양은 쉬지 않고
하얀 백열 전구 하나 작은 촉수의 눈을 내밀며
불 밝힌다

촉수가 모잘라
잠시 또 기다린다

서서이 천체의 기상은 시간의 문을 지나
태양은 밝게 웃는 얼굴로 표정이 바뀌고

소년은 이제 하얀 구름의 어깨에
여유롭게 올라 앉아 세상을 조망한다

환하게 웃는 세상을 만난다
오늘도 또 하나의 세상을 만난다

소녀와 태양

- 태양을 품은 마음

태양이
먼 바다건너 새벽 산 위에
노오란 고개를 내밀었습니다

한 아이가 말했습니다
"태양을 사고 싶다고"
엄마는, 태양을 우리 모두의 것이라 살 수 없다고 했습니다
아빠는, 너무 비싸 살 수 없다고 했습니다
또 누군가 아빠에게 물었습니다
살 수 있는 누군가 사준다면 어떠냐고 했습니다
아빠는 말했습니다
어디다가 걸건지 그것이 문제라고 했습니다

태양은 개인이 가슴 안으로 걸기에는
너무 큰 그림이라는 걸 알기에는
어린 소녀는 시간이 필요했습니다
그 때부터 소녀는 태양을 담을
마음을 키우기 시작 했습니다

우리는 20년 후의

국민 '사랑이' 라는 이름의 아이를
기억할 것입니다

오늘 따라
'사랑이'가 더욱
예뻐보였습니다

하늘의 창 窓

- 하늘의 두 마음

하늘이 뚫린다
저 구름 사이로
파란 호수가 입을 열었다

구름의 실오라기 연기는
연줄을 타고
호수 위를 엮는다
호수는 잠시 눈을 감았다

끝없이 호수는 파란 창을 만든다
보이는 세상의 문을 향해
푸른 말의 언어로 교감을 하는건가

사람이 사는 풍경
불광천 여울목에 은평마을
초록더미 옆 강령문 康寧門 아래
물길 따라 숨 고르는 물오리 · 원앙
징검다리 발길 따라
백일홍꽃 입술이 어여쁘구나

하늘은 하얀 세상 속에
푸른 마음이 있고
푸른 세상 속에
또 하나의 하얀 마음이 숨쉬고 있다는 것을

덮으로 해도
칠하려 해도
자꾸만 어디선가
열어 놓는 하늘에 마음의 창

창은 만드는 자만이
볼 수 있는
끝없는 시원 始源의 세계

호숫가 담벽은
구름의 벽으로 쌓여
파랗게 깊어만 간다

어느새 구름은
하늘의 물길 따라
손에 손 잡고 두둥실 떠나간 자리

하늘의 원래 마음의 색은
파란 마음이었다는 것을

바람은 소리 없이 길을 열었다

물의 얼굴

나무의 정령 精靈이 되어
빛이 되었다가
거울이 되었다가
손이 되었다가

끝내는 마지막
뚝 - !
한 방울의 떨켜내기
땅으로 내리는
이슬같은 거룩한 눈물이어라

오늘따라 하늘이

- 물의 뿌리

하늘이 왜 푸른가
어린 동심의 마음은
'하느님은 푸른색을 좋아하셔서 파란칠을 하셨나 보다'
'아님 바다색을 닮고 싶어서 일까'
자신의 몸을 바다에 비추어 보니
푸른색임을 알았을까
아님 하얀 조각구름이 노 잘 저을 수 있게
배려하여 푸른 물길의 색을 닮았을까 !

오늘따라
하늘은 깊고 그윽 했다

오늘따라
하늘이
투명히 열려있었다

물의 뿌리 끝에는 신 神의 손길의 촉수가 닿아
맑게 조율하며 연주하는 하늘 세상 그림이다

오늘은 기분이 명쾌하신가 보다

물의 발

물의 본성은 움직임의 발이다
고요함의 숨결이다
투명함의 거울이다

한 개의 물방울이
수 많은 물의 발이 되어 나아간다
물의 세상을 만나러
마치 내가 이 세상 다리를 건너듯

가다 돌 뿌리에 걸리고
풀 뿌리에 걸리고
잠시 가라 앉다간 진흙의 세상 속에 발이 묶인다

다행이 '흙공'의 퇴적산으로 이룬
성벽의 틈을 지나
정제된 맑은 화면 속 수면의 시간을 만난다

그 속에 구름이 보이고
나의 얼굴도 보이고
민들레의 노오란 꿈도 보인다
움직이는 또 하나의 하늘세계가 보이고
고요한 수심의 물의 세계가 보이고

또르르 수평선 지나 수직낙하 능선을 타고
물의 다리를 건너와
모양과 색깔이 다른 옷을 몇 겹 벗고
물방울의 맑은 이름도 달고
빗방울의 음악소리도 연주하고
이슬방울의 심성도 깨우친다

물이 서로 만나
왕국을 만들고 거대한 세계를 만들고
마법같은 거울의 왕국을 만든다

약속하지 않는 꿈이 서로 있듯
그 속에 사는 우리는
모두 마법의 주인공이 아니라
두 눈망울을 간직하는
생명체가 숨 쉬는 섬에 함께 살고 있다

우리들의 세상이야기 속으로

물항라

- 순수와 신뢰의 약속

맑은 물속에
고요한 세상이 살고 있다

하얀돌, 조약돌이 누워있고
칠보로 단장한 빛나는 보석들
꽃다지도 날아와 가만히 숨쉬는
작은 물의 궁전

투명한 빗살의 엷은 창밖으로
또 하나의 세상이 비친다

그곳은 바람의 물살에도
쉽게 일그러지는 표정이 있고

형형색색 도색하는
마음이 모여사는 흙이 만든 세상

두 세상 만날 수는 없지만
두 세상 만날 수도 있다

물의 순수와 흙의 신뢰는
각자의 역할과 소임으로는
만날 수는 없고
존재의 인정과 화합으로 상생하여
또 하나의 세상으로 바라볼 때
건설할 수 있다

물의 순수냐 흙의 신뢰냐
이것이 나의 화두이다

나는 오늘
물의 세상 속에도
흙의 세상이 살 수 있다는 것을 알았다

바람에 흔들리는
물결의 웃음을 보았다

4부

필경 무능 보은자

(畢竟 無能 報恩者)

\- 님의 뜻 갚을 길 없으리라

흙이 꽃물에 취한다

흙이 꽃물에 취한다
노오란 채색향에 취한다

빗물의 증류수로 빚은
무알코올 붉은 순도에 취한다

시간의 수레에
차례차례 한 잎씩 누이고
하늘 보며 숙성한 곰삭은 잎들은

흙의 한겨울 농한기에
잠자는 곁에 누워
먹지 않아도 배부른 따뜻한 자양분이 되어

스스로 살찌우는, 건강함 돋우는
아름다운 색의 향을 일구고 돌아가는
간절한 몸짓이다

흙이 꽃물에 취한다
꽃물의 사랑에 취한다

돌은 꽃이다

이루지 못한 사랑은
차라리 꽃이 되어야 했습니다

꽃눈으로 말을 하고
꽃눈으로 글을 쓰고
꽃눈으로 마음을 그리는
차라리 꽃이 되어야 했습니다

달빛으로 채색하는
마음의 색은 푸른 솔 이끼로
문양을 만들고
흐르는 물소리에 다듬어 조각하는
돌 꽃으로 피어야 했습니다

한 잎 두 잎 물 위에 띄워진
머물다가는 시간을 그려야했습니다
그리고 달빛을 조용히 기다려야 했습니다

땅

하늘이 쉬어가는 곳

하늘의 음성이 잠기는 곳

어둠의 세계를 다스리는 곳

하늘의 숨소리와

하늘의 목소리와

어둠이 쉬며

함께 공존하는 세기의 땅

대지는 황금의 알곡을 놓고

연필

사람 마음을 부드럽게
천천히 온유하게
물결 위 노를 젓는 사공

마음의 파도 물살 위로 항해하는 선장
바다의 수면 속에
오채 산호를 케는 어부가 되고

삶의 바다 위에 펄럭이는
날선 생선가시를 발라내는
착한 어부의 손놀림

투망 속에서 다 풀어내지 못한 말들
어부는 하나 둘 지면 紙面위에
언어로 풀었다

칠판
- 화이트 보드

사각의 공간

하얀 마음의 얼음판

사랑의 시간 속에

미끄러지듯, 물 흐르듯 새어나오는

끝내 고백하고 마는

생명의 언어의 숲

언어의 메아리로

잠자는 생명이 깨어나는

하얀 그루터기

손에게

다소곳이 모은 손
맞잡은 두 손
손과 손이 만나 길을 가고
생각을 만들고
꿈을 꾼다

맑은 손이 만나 연인이 되고
사랑이 되고
친구가 된다

손이 손에게 묻는다
인생이 몇 가닥의 갈래의 길
다섯마디의 의미가 무엇인지

내가 하나이었을때
너를 만나
둘이 아닌, 큰 하나가 되고

맞잡는 두 손의 힘이
너를 잡을 수 없는 순간이 있다해도
두 손을 다소곳이 모을 때만이
예쁜 손의 의미인 것을
손은 오늘 알았다

한지

색색의 옷을 입고
세상에 테어났다
태어난 순간의
축복에 언어는
순수한 마음 위에
고색 창연한 노래가 숨어있다
갈곳이 정해져 있지만
살아있는 순간 만큼은
아름다운 새가 되어
그대의 어깨 위로
그대의 눈길 속에
바람처럼 날으리

얼굴없는 옷

얼굴 없는 마네킹
옷방 전시방에서
오와 열 맞추어 차례를 기다리는 무희 無姬

거리를 활보하며
인생무대에 빛날 주인공이 되기도
조역이 되기도 배역의 그림자 되어도

좋은 그날을 기다리며
임자없이 쓸쓸히 세월의 시간을 기다리는
그 하루가 분명 있음이니

햇빛 볼 그날도
쓸쓸한 어둠 속에 묻힐 그날도
영광과 상처로 다져진 빛난 보석이 되어도

어둠에 묻힌다해도 일생을 오와 열 그 자리
그 군림 속에 사는 옷의 나라, 제군들이 숨쉬는
보이지 않는 발소리에 귀 기울이누나

시간의 역사 속에 선배도 다시 만난다
과거의 시간도 만난다

그래서 현재가 된다

시간이 지나 새 모습은 새 마음이 되어
미래로 만난다
자신의 넉두리도 만난다

살같은 옷들아
가꿔주고 나보다 더 예쁜 살들의 옷아
너는 화려하지도 않고 빛나지도 않고

그러나 결코 쓸쓸하지 않는 너는
무척 나를 닮았구나
나는 오늘 너에게 작별인사를 미리 하지 않으련다

그저 눈만 마주하고 눈빛으로 사랑을 나누고자
너의 품에 기대 너의 얼굴에 기대
잠시 미안함과 고마움을 하고 싶구나

물과 흙

- 흙과 물이 만날 때

전생에 우린 부부였지
혼합하여 하나로 이룰 수 없는 운명의 오행 五行이지만
다행히 나무 木를 만나
삼각구도의 합 合을 이루고

꽃 피우고 열매 맺는
세 그루의 자식나무를 수놓았지

처음
너의 영역과
나의 영역은 양분화되어
자존감은 상극 相克의 터널 속 땅이었지만
그런대로 고독과 외로움은 지상의 연가를 불렀지

그러던 어느 날
서로를 바라보았지
물 水은 어느새 흙의 온유한 성품의
중용의 도를 배우고 있었고
흙 土의 변함없는 한 길 움막 속 신뢰를 보았지

그리하여 물의 뿌리를 땅에 내려놓았을 때쯤
동산은 어느새 생기가 돌고 꿈의 낙원을 이루었지

두 본질의 변화에 달라질 것은 없었지만
균열과 혼돈의 시간은
정화를 통해 재정비하는
탄생의 시간이 필요했던 거지

흙은 만물을 육성하는
넓은 품이 숨어 있었고
물은 그 속에서 아울러는 힘이 존재하였던 거지

두 존재감은
결국 만나야 하고
잠시 아니 영혼도록 같이 있어야 하는
공동체 운명이었지

아시나요
물과 흙이 만날 때는
중도 中道의 산맥은 꼭 넘어야 하는
너와 나의 어려운 준계령이 있다는 사실을 말입니다

비

비는

외로움의 상흔

절대 고독의 이름이다

슬픈 노래의 운률

비가 노래를 부를 땐

소리를 낸다

우 우 - 바람의 악사를 부른다

소금

바다의 해역에 잠자던

밤의 별눈이

태양의 부름으로 빛의 꽃이 되어

환생하는 사리의 결정체

빛으로 부서지고 빛으로 일어나는

끝내는 하나의 빛 알갱이

선풍기

하얀 바람의 수레바퀴
사방을 훠이 훠이 돌며
허공에 바람의 씨를 뿌리네

몇 생을 돌았다고 돌고 도는가
환생과 부활과 영원의 다짐까지 약속 하는가

기약없는 시간
너덜한 옷 겹겹이
바람의 손은 수분한점모아
허공에 나이태 원으로 뿌리고

그대 그리는 세상은
정녕 푸른 바람의 성 城인가

마침내
물안개 물보라 치는
원천의 신기루가 있는 물의 누각의 성으로
대승 大乘의 수레바퀴
물의 대원 大圓이 되어 봄이 어떠하리

은색문

- 디큐브의 문, 감성엘리베이터

여기는 또 하나의 세상
은색문이 열린다

'감성의 세계' 조명이 찬란히 번쩍거리며 눈부시다
상승한 기류 지점에서
사람들이 하나 둘 올라탄다

그리고 아래로 곧 바로 수직 하강하기 시작한다
더욱 깊게 빠질 지층의 세계
그곳은 어둠의 안개기류 같은
혼돈의 카우스 세계
예감은 민감하다

'딩 동'!
정신이 번쩍 든다
마음 가다듬고
1층 '이성의 세계' 문 앞에 도달
신호 버튼을 모두 힘껏 눌렀다

순간 또 하나의 반대편 쪽 벽의 문이

스르르 열리자 사람들은 일제히 등을 돌려
어둠 속에 빛따라 쏜살같이 나아간다
굳었던 문이 또 다시 닫히기 전에

'디 큐브'의 반짝이는 '감성의 옷'을
그림자 몸 밖으로 얼른 벗어던져 놓은 채
이성으로 통제하는 문 밖으로
그 문을 지나 세상 길 위에 혼자 걷는다

그 문이 있어 다행이다
그러나 스스로 열지 않으면 빠져 나갈 수 없는
인간세계 마법의 문이다

문은 하나다 전후 방향에 자라
'감성의 문'이냐 혼돈의 카우스 지나 '이성의 문'이냐
결코 같은 문으로 나갈 수 없는
디 큐브의 세계

다음 날 마음의 감성은 물에 젖은 채로
밝은 하루가 예상된다

나의 메타포

I. 나는 한 마리 은어 隱語다
하얀 강위에　떠도는 은어떼
흰 물거품 속에 물매암이 돌 듯
산란을 기다린다

II. 만선이 아니어도 좋다
투방에 가득 길어올린
시어 詩語 몇 마리어도 족하다
하얀 등대불은
등 뒤에서 조망하고
투시하듯 온몸의 비늘은 날을 세우고
어둠의 빛으로　하얀 수면의 장 場으로
쏘아 올린다

견우와 직녀

당신은 견우
나는 직녀

일년에 한 번 만이라도
영혼의 다리를 만들어
건너가자는 약속이 있었기에

지금은 별눈이 가장 크게 떠는
음력 칠석 맞아
하늘에 큰 문이 열린다는
하얀 백중날이 깃든 그 칠월입니다

하늘가에 여름물이 지나가고
맑은 북소리 점점 닥아와
당신은 지금도 열심히 북녘에서 소를 몰고 일을 하고
나는 햇살돋는 남녘 땅에서
삶의 비단 옷을 짜고
은하수 달 물결 내리는 밤의 다리를
오늘도 기다려야만 했습니다

당신은 견우
나는 직녀
지금은 별눈이 가장 크게 뜨는 칠석의 밤입니다

꽃사랑 새

I. 참새 한 마리
내 영역에 날아든다
두 날개를 펴고

먼저와 탐색하던
또 한 마리 곁으로
한지문살 앞 뚝 항아리아래

국화 꽃잎 가을 햇살 내리는
향기에 잠시 시선 멈춘다
꽃을 사랑하나 보다

II. 보랏빛 소국들이
달빛 문살에 도란거리고
새들도 소리없는 발자욱으로
고요로운 달빛을 거닌다

내 영역의 마당가는
국화 꽃나라 왕국이 한창이다
바람이 머물다간 자리
영원히 지지 않을 꽃은 없어라

생각으로 키우는 정원 1

고요한 침묵이 좋습니다
저를 내 안에 바라보는 시간이 좋습니다
비어있는 듯 공허한
여백의 마음을 사랑합니다

늘 갈구하는 듯
채우려 하는 저의 열정의 시간을 사랑합니다
향긋한 풀냄새
맑은 증류수로 빚은 한약재 같은 약초냄새 피부에 스미듯

햇살에 젖어오는 땅의 촉촉한 기운
비온 뒤에 내리는 대지의 은혜로운
자비를 사랑합니다

생각을 일구고 마음의 씨앗을 키우고
생각의 정원 속에 숲으로 가득한
아름다운 정원의
색과 향기의 열매를 사랑합니다

삶의 매듭

삶의 매듭은 풀어야 하지만
그 매듭의 실상은 징금다리가 되고
계단이 되어 생 生을 이어간다

오늘이 다시 명일 같고 설 같음이라
따지고 보면 평온한 일상이
축복의 시간이다

바쁨 속에 여유로운 생각으로
즐거움의 시간을 만들고
보람을 갖는다

삶의 매듭하나 풀어 길을 만들고
또 매듭지은 길을 향해 걸어간다
오늘도 하루

삶의 움막에 기대 앉은 나

- 빈잔

따뜻한 온기 한 잔에
빈잔이
나를 다시 반기는 얼굴

  그대와 마주한 하루의 시작은
  고요함이고 잔잔함이고 평온함이고
  아득함이고 그리움이다

바람도 멈추고 구름도 멈춰서 있고
누군가도 보이지 않는 얼굴로
나를 바라보고 있겠지

  삶의 색을 만들고
  향기를 입히고
  바람을 일으킨다

역동성 있는 마음은 오늘 하루
평온 속에 물들지만
차가움을 머금은 1月

그 마지막 시간은
이제 입춘을 여는
대지의 기운으로 일어난다

이 땅이 좋아 아직 누운 낙엽도
꿈을 회상하고
꿈에 젖어 있지 않은가

꿈을 만드는 그대 얼굴
빈잔 속에 그리는
투영한 미래의 시간을

오늘 그대 얼굴 앞에 그려놓는다

나무의 생각

나무는 바람의 손으로 그림을 그리네
쭉 뻗은 날씬한 몸으로 귀를 올려
손가락 뻗은 하늘가에 바람을 불러 모아
가랑잎 흔들리는 공연의 춤

비트는 가볍게, 텝 댄스. 롤링의 허리춤.
다양한 무대 춤사위 바람의 손짓에
순간 옷 갈아입는 변검술까지
방패막이 큰 잎의 얼굴로 빈가지사이 그려낸다

바람 앞에 나신 裸身이 될 때까지
땅에 의미 없이 나리는 손짓은 없다
고고하고 우아하게 노란 눈비 오듯 그렇게
땅에 우듬지 같은 산을 만들고 풍경을 그려낸다

노란 빛으로 잠기는 퇴적된 땅에
그곳은 마을이 함께 살고 있고 나무의 마을이 살고 있다
잠자던 얼굴은 그대로 겨울 나신으로
봄의 화신이 되어 꿈으로 깨어난다

지금도 가지 끝에는
꼬물꼬물 벌써
어느새 목련 털북숭이 입술을 그려내고 있다

갈대 꽃의 노래

- 불광천에서

햇살이 놀러와
물빛에 씨를 심어
둥글고 파란 우물을
샘물처럼 만든다

물빛은 고요한 수심이라
맑은 수면이 드러나고
그 아래 모레 언덕은
결따라 능선을 이루고
잔잔이 일렁이는 물살에
파문은 없었다

갈대는 흐르는 물살의 다리 사이로
서로 마주보며
바람에 빗질하는
엉클어진 머리 휘날리고

바람이 얼굴을 돌리자
두 갈퀴 손으로
바람을 자꾸 붙잡으려 한다

붙잡아도 삶은 실상 實相이 아니라고
공연한 바람은 갈대의 허무를 일깨운다

애잔하고 애끊는
갈대의 노래는
하얗게 노력하는
우리 삶의 어여쁜꽃

하얀 은발 銀髮은
어느 새 세월의 끝자락에
하얗게 피어낸
바람의 꽃이 없다

겨울 회향목

- 향기로 전하는 말

바람을 일으키는 사념의 시간들을 만난다
가지에 매단 세 잎이 나란히
월계관 잎을 닮아
땅을 향해 춤춘다

허리춤에 매단 추장의 옷이 되었다가
더러는 홀로 드높이 나직이
온전히 고요함의 수행으로
산사의 독성전에 '나반존자'가 되었다가

저 멀리 고치의 집을 짓고
실가지에 끈끈이 동여맨 몸
바람결에 상념을 지우고
부활과 환생의 꿈을 꾸는 그 누군가가

그 아래 뚝 - 떨어지듯
무심히 가지 끝에 낭창히
땅에 발을 내디딜 때까지
법륜 法輪의 시간들을 기다린다

그래도 바람이 좋은지
몸을 말아 움츠리는 낙엽의 도반들
푸른 잎이 될 때까지 움막에서
함께 지켜보고 서 있다

푸른 봄길의 청청함으로 도색하여
향기의 사향주머니가
알알이 하얗게
상큼한 꽃으로 번지는

바람의 물결 위에
그대 전하는 말을
가슴에 그리며
입춘의 길목에 서 있노라

하얀 바람의 눈

하얀 하루살이 떼
하늘 해역에서 때 아닌 산란이다

간밤에 내린 눈무리 새하얀 옷자락따라
하늘세계 오르려 꿈 꾸었지만

두고 온 땅의 추억과 미련에 휘감긴 채
가던 길 되돌아 와
땅에 몸을 꽂는다
부딛힌다 、 깨진다 、 박는다
그리고 형체 없는 몸으로 눕는다

다시 환생과 부활을 꿈꾸며
한 생애 화려했던 낙엽의 시체 곁에
조용히 언 몸으로
봄의 땅문을 두드린다

마곡사에서 1

큰 산이 붉은 노을 물에 빛나는
태화산 太華 마곡사

물빛따라
계곡따라

물에 잠겨 수심 정진 중인
돌 두꺼비 두 분 거사님

오늘도 큰 몸짓, 큰 생각으로 몸을 키우고
법당을 바라보며 어느 새 굳은 망불석 亡佛石

성불할 날을 기다리는 환생의 그 날
응진전 應眞殿 (나한전)에서 다시 뵈옵기를 염원한다

극락교 다리 위
육바라밀 덕목으로 연등 불 밝힌

하늘 기둥에 몸을 기대 선 두 그루의 나목
서로 마주보며 긴팔을 벌려
물에 잠긴 우바새 우바이 중생들의
젖어내린 마음을 정진으로 내건다

계곡 저 건너 오는 사람은
물길 밟고 어느 산에 몸과 마음을 담그고
가벼웁게 내려왔을까

오르는 사람들은
어느 '단풍도원'의 세계로
가려는 걸까

번뇌를 씻고
업장을 벗고 나서는
일주문 건너로

새로운 삶 새로운 길로
밝은 광명에 광영으로
제발 부디 나아갔으면

중생의 서원은 흐르는 마음 물길따라
씻어 버리고 싶은 간절함을
누구에게 들려줄까나

마음 하나 허공에 내려 놓을 수 있는 곳과
시간 한 길 주어짐에
새로운 길을 찾아 나서야겠다

마곡사에서 2

I. 산을 안고 바라본다

물길 속에 나를 본다

시간 가는 줄 몰라라

내가 다시 태어나는 줄 몰라라

여기서 인생의 한 자락을 내려놓고 싶은

태화산 마곡사, 긴 골짜기의 하루

II. 마곡사는 큰 산, 큰 물길이었다

새벽

약속이다
그리움과 설레임의 시간이다

하늘의 시간을 알리는 빛의 여정이다
그리움의 강의 노를 저어며
새벽별을 스치면서
고요한 아침을 맞이한다

어둠이 나를 감싸고
어둠의 벽은 알의 껍질을 까듯
빛으로 분사되고
나는 그저 맞이하는 빛의 분사구를 본다

기다림이란
숨을 쉬는 것
함께 쉼터에서 꿈을 그리는 것

봄 언덕에 앉아
태양을 만날
시간을 기다리는 것
그 아침을 맞이하는 거다
새벽의 그 약속
태양이 말하는 그곳으로

그곳에 집회가 있드냐

그곳에 집회가 있드냐
하늘 해역은 드넓고 푸르구나
하얀 머리 백두산 능선자락 곁으로
뭇 중생들이 모여 오른다
  해 뜨는 동에서 기린사슴 일렬횡대
  뒤따라 아기 양 떼 몰려오고
  남풍 따라 우바새우바이 발걸음 바쁘구나
서역의 마차 위에
하얗게 다시 태어난 꽃구름
구름 배에 올랐구나
  동북에서 선두에 백마가
  빗살에 푯대 꽂고, 바람을 가르며
  천마도 기린아 위상으로 내려온다
모두가 모였구나
마을을 일으켜라, 어서 가자 노 저어라
그곳에 집회가 있다
내가 보지 못한 세상
빛으로 열려 말한다
눈으로 보고 배우는 영상의 설법이다
  미래 견을 볼 수 있는
  순간의 포착은 한 순간이다
  모두 6관 觀을 열어라

마음으로 보고　마음으로 쏘는
하늘의 따뜻한 영상 편지다 !
모두 가슴으로 받아라 !!
　하늘의 해역은
　오늘 따라 참 멋이 있구나
　어디 나도 한 번 구름마차에 올라보자

내가 시인이 되어

시를 읽는다
시를 만든다
  마음의 뚜레박하나 천착으로 내려
  시심을 건져 올린다
나에게 다가온 그의 얼굴하나
자기가 누구인지 알아맞혀보란다
  "너는 누구이더냐"
  "나를 알아보겠느냐"
서로가 서먹한 듯 친근감으로 다가와
내 마음의 정원으로 끌어당긴다
  함께 마주한다
  차도 한 잔 나눈다
마음의 색깔도 서로 보여준다
힘도 합쳐본다
  좋은 작품하나 만들어 보자고
  뜻을 같이 세운다
먼저 포즈를 취한다
작품의 조형을 그가 읽어낸다
  구성의 조직을
  화선지에 스케치한다

튼실한 바람 한 점 불러와

생각의 익반죽으로 문살을 만든다
　문살의 외벽에 바를 맑은 피부결
　나는 그림자 되어
빗살에 투영된 형상을
그대로 옮겨낸다
　나는 그림 속
　시인이 되었다
　　　　　- 한여울문학 강의실에서

담쟁이의 겨울벽화 2

또 그림 한 점 그려놓았네
음영까지
농담을 더하여 60호 화선지에 가득한
디테일의 감정선의 그림자 까지
서로 치고받는 어울림에 안길이 배경까지
하얀 붓으로 그리는 하얀 점선들의 세상
신비한 하얀물감 백색의 세계
뚜벅뚜벅 은빛이 걸어 나온다
완벽히 햇살 속에 숨어있는 투영된
시간이 정지된 겨울벽화

*60호: 화선지 전지의 1배반 크기

□ 자전해설

사유 思惟가 향물결이 되어 흐르는 빛의 길

- 한화덕 선문집 『보하 덕수 장엄가 普河 德水 莊嚴歌』」에 부쳐

한 화 덕
시인 · 수필가 · 한여울문학대표

자전적 해설을 위해 첫째, 나를 객관화시켜 들여다 보기와 독자를 위한 시의 의미를 가미하여 더 다가가는 해설로 풀어야겠다는 생각을 하게 되었다.

세상의 언어 밭에 던진 시의 투망을 다시 건져 올려 쓴 글을 음미하며 재심하고자 한다

나의 시집 제1집 『하늘 문아 열려라 • 天門』과
제2집 『화엄 華嚴의 꽃』을 다시 읽어 보았다
1집에서 하늘은 - 자신이며 스승이며 神이며
심경 心境의 門이라 하였다

2집에서는 삶의 길에 선경 仙境의 지혜를 주신 문학의 은

사님이 세 분 계셨는데 홍문표 교수님, 이영지 교수님, 정인관 선생님께 다시 한 번 감사 인사드리고 문학도의 후배로 다시금 예를 올리는 마음이다

서문에서처럼 '심연의 밭두렁에 백연화 흰 연꽃 한송이 받아 지니고서'로 자연의 소임과 중생 衆生이 걸어가야 하는 정진과 수행의 길을 새겼다.

이제 제3집 『보하 덕수 장엄가 普河 德水 莊嚴歌』로
물에 대한 감사와 은혜로운 마음으로 열어본다

전체 4부로,
1부는 보전 여의 누각장엄 寶殿 如意 樓閣莊嚴
(뜻에 따라 보배누각 거룩하게 장엄한 곳) 33편
2부는 창해 망망 적멸궁 滄海 茫茫 寂滅宮
(넓고 넓은 푸른 바다 거룩한 님 궁전일세) 30편
3부는 천강유수천강월 千江有水千江月
(천의 강에 물 있으면 천의강에 달이 뜨고) 16편
4부는 필경 무능 보은자 畢竟 無能 報恩者
(님의 뜻 갚을 길 없으리라) 29편으로
총 108편이다

서문에서 「내가 살아가는 이유」는 내가 살아가는 이유는 무엇인가 - 생명에 대한 소임인가 / 책임인가 、 왜 사느냐가 아니라 무엇으로 살아가느냐이다 、 어떻게 사느냐가 아니라 어떻게 의존하며 사는가에 대한 인간의 목소리다. 법 法의 진리에 의존하는 법등명 法燈明의 불길이 아니라 자신을 의지처

의 등불로 삼는 자등명 自燈明으로 스스로 불 밝혀 살아가는 모습이다

마음 안에 등불 켜서 어둠을 밝히는 내면의 의식으로

빛을 통해 마음의 움직임의 세상을 관 觀 하는 사유 思唯의 물결이다

1. 선문 禪門의 창窓

빛으로 그림을 그리는
보이지 않는 자
형상을 찾아
뒷걸음에 서서
그의 분신이 되고자
어둠 속에 침묵으로 묵은 수행하고
밝은 날 그가 되기를
발원하는 간절한 소망을
간직한 자

-「그림자」 전문

그림자는 빛의 에너지를 갈구하는 또 하나의 나이다

그림자는 어둠 속에 고독하지 않고 육신과 하나 되어

밝은 영성의 길로 살아가길 바라는 꿈을 간직한 길 위의 나의 마지막 동반자이다

잊혀진 심우도
소의 몸을 곁에 두어 앞세우고
방목하는 소의 꼬리 부여잡고
인생의 초원을 향해 다시 길 떠나네

내 인생에 소의 꼬리
몇 번이나 잡아 보았는가
가다가 놓친 손
내 영혼보다 더 무거운
소의 몸 덩치보다 더 무거운 육신의 무게
온전히 따라나설 수 없었다

-「심우도 尋牛圖 벽화 숨은 그림」에서

심우도는 인간의 본성을 찾아 수행하는 단계를 동자童子나 스님이 소를 찾는 것에 비유하며 묘사한 불교 선종 禪宗의 그림 벽화이다. 《십우도 十牛圖》라고 하고 선 禪을 닦아 본래 마음을 찾아 깨쳐가는 순서를 밝힌 그림 그 10가지 단계는

1) 심우 尋牛 (소를 찾다)
2) 견적 見跡 (발자취)
3) 견우 見牛 (소의 뒷모습을 보다)
4) 득우 得牛 (소를 얻는 투쟁)
5) 목우 牧牛 (소를 기르는 다스림)
6) 기우귀가 騎牛歸家 (소를 다스려 집으로 가다)
7) 망우존인 忘牛存人 (소를 잊고 사람만 남음)
8) 인우구망 人牛俱妄 (소와 사람 둘 다 잊음)
9) 반본환원 返本還源 (본래의 근원에 돌아감)
10) 입전수수 入鄽垂手 (중생의 도움의 길로 들어감)

《목우십도 송 牧牛十圖 頌》이다

학인 學人이나 수행자라면 자신이 어느 단계에 있는가 어느 곳에 마음이 머물러 있는지 한 번쯤 살펴 볼일이다.

한 번 잡은 고삐는 절대 놓치지 말아야 할 일이 아닌가 생

각한다.

정관수는
물이 아니다
빛으로 분사되어 버리는
정수리의 일진 수직 관통의 길이다

빛의 발이 뿌리 되어 내리는
온 정신을 한데 올가매는
단단한 법신 法身의 힘이다

-「정관수 正觀修」에서

견성 見性은 깨달음으로 스치는 지혜의 힘으로 정관수가 그 예이다 사유 思惟가 향물결이 되어 흐르는 정수리에서 내리는 빛의 길이다.

빛의 발이 되어 나아가는 중생의 서원이다.

정적인 파문의 물살이
고요한 감성으로 잠재우기 때문이다

빛의 여진으로
생각을 끝없이 일깨우기 때문이다

내가 바다의 밭이랑에 누워
하늘을 보게 하기 때문이다

하얀 조개를 품고 있어
오색 영롱한 빛의 꿈을 꾸게 함이다

그 많은 빛을 오색 五色의 창으로
나누어 쓰는 오묘함의 세계이다

물은 빛을 받아 푸른 물방울로
사방에 산란하기 때문이다

하얀 포말· 하늘 닮은 빛· 파란 코발트·
연녹과 청록으로 물감 풀어놓고

늘 세상을
아름답게 기다리기 때문이다

–「바다의 품이 너른 이유」에서

바다의 은혜로운 물의 행적에 고향 같은 포근함을 느낀다 바다는 삶의 파문의 물살이 있지만 고요한 인성의 감성을 키워 번뇌를 다스려 잠재운다. 윤슬의 반짝이는 지혜로 생각을 일깨우고 내 문학의 감성을 키워 내었다.

물의 밭이랑에 누워 삶의 여유로운 너그러움과 오색빛의 힘으로 늘 희망을 꿈꾸게 하였다.

시집제목 『보하 덕수 장엄가 普河 德水 莊嚴歌』로 바다에 흐르는 강물의 누각 위에 서서 꿈길의 그곳에서 눈을 감고 다시 읊어본다.

이름 없는 얼굴 하나
사람 만나 표정이 되고
이름이 되고

감정의 분출구로 쉬어가는 마당
힘이 들 때 같이 눈을 감고
모른 척 하루 이틀
그래도 못 견딘 슬픔이 밀려올 땐
우물샘을 같이 파서 강물에 흐르게 하고

볕 좋은 날 그림을 그리는 스크린으로 펼쳐 놓고
하늘의 창을 대신 올려다보는 충복이 되기도 하고
땅을 바라보고 지키는 수문장이 되기도 하고

얼굴은
또 하나의 역사를 쓴다
삶의 발자국 따라 같이 걷는다
그래도 얼굴은
살아갈 만 했다

-「얼굴」 전문

내 몸 밖에서 나를 본다
나를 닮은 얼굴이다
수용하고 만족해야 할 부모님 주신 얼굴
살아온 날 보다 살아갈 날이 더 작은 몸을 가진 자,
지나온 삶에 나를 대신하여 명암으로 사람에게
들이밀고 웃어주고 울며 애쓴 나의 모습
일생이 끝나는 순간에 고마워해야 할 나의 모습,
옷 한 벌이라도 지워주어야겠다
내 모습에 걸맞은 이름의 옷으로

2. 시심 詩心의 발원지 I

이곳은
생각하지 않으면
자라나지 않는 공허의 땅입니다

나를 키우고
살찌우게 하는 원천의 땅은
생각 동산이요
땡그랑 붉은 종소리가 들리는

봄이면 하얀 눈꽃송이 앵두꽃으로 만개하고
이름 없는 벌나비 쉬어가
바람도 함께 따라 부르는
그런 터를 사랑합니다

생각 의자에서
자라나는 저의 마음과
몸의 에너지를
사랑합니다

생각하는 것만큼 키워내는
최고의 가치의 생산물을 수확하는
땅의 온유한 육성의 사랑 앞에
머리 숙여 경배합니다

오늘도
잠시 생각정원에 앉아
태양의 꿈을 갈무리합니다

–「생각으로 키우는 정원」 전문

나의 땅, 나의 영토, 생각으로 키우는 정원 시심의 발원지이기도 한 생각의 영토이다. 땅을 밟고 하루를 시작하고 흙의 기운으로 하루를 여는 내 몸이 숨 쉬는 곳 보배로운 땅이다. 삶의 터전에 일구어낸 수확의 열매 인연의 보배로 열매를 맺고 길에 뿌리고 가야 할 지중한 곳 생각으로 키우는 정원이다.

하얀 꽃님이 되어 웃던 날
나비 한 마리 향기 찾아와
문을 두드리고

다시 연 초록 잎은
초록물을 머금고
한 계절이 지나갔음을

나무는 기억한다
그 많은 시간들을
가지 사이에 추억으로 매달고

영상의 사진으로 매달고
그리움으로 매달고
나뭇잎 조각으로 매달고

낙엽의 화석은
다시 꽃이 되었다가 붉은 종소리가 되었다가
늘 푸른 마음의 아련한 잎이 되었다가

그저 눈감고 돌아보니
한 순간에 나무의 등걸이에 나이테 하나 새기고
다시 봄으로 내게 돌아와 서 있다

-「겨울 앵두나무」 전문

하얀 꽃과 붉은 열매 설경의 풍경으로 사계절을 노래하는 멋진 나무 앵두나무다. 마당가 뒷 곁에 있던 나무가 큰 딸아이 어린아이 일 때 크리스마스카드에 '우리 집은 앵두꽃 피는 꽃대궐'이라 명명하여 스치는 마음 있어 현관문 바로 앞으로 승격하여 옮겨 심고 지금도 아침마다 찻잔 들고 서있으며 나를 반겨주는 그림 같은 나무이다.

연 초록잎들이 가을에 채색향으로 물들 때 노란 잎이 땅에 누운 모습은 '흙이 꽃물에 취한다'라는 시를 탄생하게 한다.

겨울 빈 가지에 추억의 영상 그림과 함께 마른 나뭇잎 화석도 매달아 두는 그런 모습으로 겨울에서 봄을 그려내고 여름을 만나 가을을 흐르게 하는 시의 물길을 만드는 '앵두나무 시인'이다.

3. 시심 詩心의 발원지 II

물의 본성은 움직임의 발이다
　　　고요함의 숨결이다
　　　투명함의 거울이다

한 개의 물방울이
수많은 물의 발이 되어 나아간다
물의 세상을 만나러
마치 내가 이 세상 다리를 건너듯

-「물의 발」에서

물이 지니는 성품을 관 觀하여 보았다. 정적인 것 동적인 것 두 내면을 동시에 지녔다. 고요함의 숨결이기도 하고 끊임없이 움직여 세상을 생명지게 한다.

물속에 또 하나의 세상을 만나고 그 속에 지닌 사물의 꿈들을 읽어낸다. 물의 다리를 건너 겹겹이 다른 색의 옷으로 태어나 연주자가 되기도 하고 가다 거울 속 왕국을 만들기도 한다. 우리들의 본성을 향한 끝없는 세상이야기 속으로 '물의 본성은 투명함의 거울이다'라고

4. 시심 詩心의 발원지 III

전생에 우린 부부였지
혼합하여 하나로 이룰 수 없는 운명의 오행 五行이지만
다행히 나무 木를 만나
삼각구도의 합 合을 이루고

꽃 피우고 열매 맺는
세 그루의 자식나무를 수놓았지

처음
너의 영역과
나의 영역은 양분화되어
자존감은 상극 相克의 터널 속 땅이었지만
그런대로 고독과 외로움은 지상의 연가를 불렀지

-「물의 흙」에서

물과 흙은 인연지중 因緣至重으로 만날 수밖에 없는 인연의 화합체로 보았다. 서로 각자 존귀한 존재로 자연의 독보적인 자연물로의 객체로 처음은 만남이 서로 어려움은 있지만 두 물체를 아울러는 자식 같은 나무가 있다면 서로 필요한 화합의 존재임을 안다.

흙의 온유한 품성, 물의 포용력과 지혜로 공동체 운명이 생긴다는 부부의 생존이야기를 담는다.

그곳에 집회가 있드냐
하늘 해역은 드넓고 푸르구나
하얀 머리 백두산 능선자락 곁으로
뭇 중생들이 모여 오른다

해 뜨는 동에서 기린사슴 일렬횡대
뒤따라 아기 양 떼 몰려오고
남풍 따라 우바새우바이 발걸음 바쁘구나
서역의 마차 위에
하얗게 다시 태어난 꽃구름
구름 배에 올랐구나
동북에서 선두에 백마가
빗살에 푯대 꽂고, 바람을 가르며
천마도 기린아 위상으로 내려온다
모두가 모였구나
마음을 일으켜라, 어서 가자 노 저어라

-「그곳에 집회가 있드냐」에서

맑은 하늘 보고 느낀 순간포착의 시이다.

공교롭게 코로나 시대(3년) 생기기 바로 전의 광활한 하늘 위에 그날따라 분주하게 보이는 구름의 운집에 다양한 진귀한 형상들로 연상되고 그림 그리듯 펼쳐진 이야기를 해석적 상상으로 담아내 보았다.

참 우연한 영상으로, 지나고 보니 하늘이 그린 그림 풍경이 진귀하기까지 하여 생각된 나 혼자만의 외람된 생각으로 풀어 보았다.

튼실한 바람 한 점 불러와
생각의 익반죽으로 문살을 만든다
문살의 외벽에 바를 맑은 피부결
나는 그림자 되어
빗살에 투영된 형상을
그대로 옮겨낸다
나는 그림 속
시인이 되었다

-「내가 시인이 되어」에서

문학회에서 시를 연구하다 강의와 함께 얘기 나누며 시 詩란 이것이다라고 설명한 소견의 글이 시가 되었다

□ 고은설 작가해설

한화덕 시인의 작품세계

- 초월적 감수성을 지닌 자연친화적 역동성

한화덕 시인의 작품세계는 색깔과 맛이 다양하다.

천편일률적 무게중심에서 탈피할 수 있는 감각은 문학인만의 안목과 재능이라 본다. 그것이 작품에 무르익도록 생활 속에 오랜 시간 창작의 연마로서 다짐은 예술가의 높은 자질이라 하겠다.

바람을 일으키는 사념의 시간들을 만난다
가지에 매단 세 잎이 나란히
월계관 잎을 닮아
땅을 향해 춤춘다

허리춤에 매단 추장의 옷이 되었다가
더러는 홀로 드높이 나직이
온전히 고요함의 수행으로
산사의 독성전에 '나반존자'가 되었다가

저 멀리 고치의 집을 짓고
실가지에 끈끈이 동여맨 몸
바람결에 상념을 지우고
부활과 환생의 꿈을 꾸는 그 누군가가

-「겨울 회향목」에서

시적 감성은 나이와 세대를 초월한다. 어떤 시대가 즉 디지털이든 아날로그이든 그 시대의 기쁨 내지 감흥의 시절을 충분히 수용하고 설레어야 할 초강의 초월적 감수성을 지님은 한 시인의 뛰어난 기량이라 하겠다.

빛의 도르래로 태양샘의 샘물을 퍼 올린다
반달 같은 샘의 원천에서
빛의 파장을 보낸다
점점 커지는 분화구

붉은빛의 화산은
땅의 곤 坤의 영역까지 물든다
노오란 빛은 빛의 다리가 되어
땅으로 내려온다

하늘은 마침내 둥근 원 속에 또 하나의 세상
깊고도 푸른 달우물이다

-「태양의 샘물이 비치는 집」에서

과학적인 천체현상을 경건하고 오묘하며 신비롭게 그리고 있다. 신화적 발상과 해석이 담겨있다.

I. 산을 안고 바라본다

물길 속에 나를 본다

시간 가는 줄 몰라라

내가 다시 태어나는 줄 몰라라

여기서 인생의 한 자락을 내려놓고 싶은

태화산 마곡사, 긴 골짜기의 하루

II. 마곡사는 큰 산, 큰 물길이었다

-「마곡사에서 2」에서

서정적 자아는 세속적 삶의 정화라는 과제를 종교적 엄숙한 배경 속에서 단순 예찬과 자신의 긍지에 머물지 않고 자연스럽게 주변의 환경적 시선을 응시하여 시안의 흐름으로 해설의 구심점으로 삼는다. 지나친 감상의 넘침도 무리한 환상도 없다.

담백하리만치 명쾌한 시선을 따라갈 뿐이다 그 이유는 시적 화자가 자신의 삶과 종교적 성지사이에서 견고한 균형을, 의도한바 없이 오직 자신을 둘러싼 사물과 추상적 환경만으로 그려내었기 때문이다.

오늘 바람이 낭창낭창 춤을 추어도
붉은 등 가슴에 매단 채
화두는 일념으로 수심 정진 중

개안 開眼한 눈망울이
땅에 떨어질 때는
성불 成佛하여 이 땅에 다시 환생하는 날

-「앵두 법우」에서

한화덕 시인은 어떻게 앵두와 법우가 되었는가? 일상 속에

서 오랜 시간 동안의 사색과 잦은 마음의 대화로 연연히 찾아온 앵두의 모습은 어느새 햇살아래 밝은 빛을 지닌 선정 禪定의 친구가 되었다. 자연친화적 발상으로 신성하고 거룩하기까지 하여 신비로움과 환상성을 지닌 상징적 상상적 요체로 승화하여 거듭나고 있다.

앵두는 우주의 찰나에 온 식물이지만 몸이 있다면 한시인의 말을 듣고 어떤 생각을 하며 이 땅에 메시지를 전하고 싶을까 문득 궁금해지기까지 한다. 한화덕 시인의 글 속에 어떤 글들의 메시지가 이 땅 위에 시의 언어가 되어 펼쳐질지 괄목하다.

[작가 소개]

자운 紫云 한화덕 韓和德
경남 마산 출생
마산여고 · 수도여자사범대학교 졸업
연희여중 · 창덕여중 교사 역임
명지대학교 사회교육원 수료 (문예창작과)
연세대학교 사회교육원 수료 (사군자 · 문인화)

창조문학 신인상 수필 등단 (1997)
한맥문학 작품상 시 등단 (1999)

한국문인협회 / 은평문인협회 감사. 상임이사. 부회장. 시분과위원장
창조문학협회 운영이사. 편집위원
한국여성개발원 초청강사
현대시 창작법 및 독서논술 강의 (서울시립 종로도서관)
문예창작 및 독서논술강의 - 문화센터, 신사. 역촌 자치회관 (2001~2018)
「글사랑 문예」- 은평구 신사복지관 (시낭송 / 시화전 / 작품문집)
종로도서관 주최 청소년 독후감 쓰기대회 심사주관
「전국 한강 물 맑히기」문화시민대회 환경 글짓기 심사위원
『글마루 시극단』 기획단장 (대본각색 / 연출) 2017 은평구 주민 참여예산
서울 은평구 「내를 건너 숲으로 도서관」 인문학 강의
「한여울문학」 대표 및 편집 발행
독서논술 학원장 (강남 서초구 · 강북 은평구)

* **수상** 이영도문학상. 영예문학 대상
한국창조문학 대상

* **저서** 시집
『하늘 문아 열려라 、天門』
『화엄華嚴의 꽃』
『보하 덕수 장엄가 普河 德水 莊嚴歌』

* **공저** 『춤추는 꽃비』 『자서전 문학』외

* **편저** 『난蘭의 향기를 찾아』
『사랑의 한여울』
『한여울의 꿈의 새』
『한여울의 맑은 꽃』

* **시극단 작품집**
『나의 가을이 수없이 지나가는 동안』 지도. 편집

[작품 해설집]

『생의 한줌』 봉순희 시집 - 관조의 시안 視眼, 생의 한줌

『바람의 땅』 이성순 시집 - 사유 思唯의 시학, 불꽃의 노래

『아침을 여는 소리』 조성복 시집 - 성찰의 문, 아침을 여는 소리

『추억 너에게로』 조성복 시. 수필집 - 빛의 여정, 기억의 재생

『시인의 마을』 조성복 시. 수필집 - 고매 高邁한 인성 人性 자아 의식 노래

『노송 老松의 나이테』 이도상 시집 - 시안 視眼이 담긴 혜산 慧山의 목소리

『한강의 달그림자』 이도상 시집 - 지행합일 知行合一의 빛의 발길

『삶의 바다』 이아영 시집 - 마음의 창 窓에 그린 노을빛 바다

『보하 덕수 장엄가 普河 德水 莊嚴歌』 한화덕 시집 - 사유가 향 물결 되어

[수묵화 문인화 부문]

경인미술관, 세종문화회관 기획 그룹전 다수 (1988~)
수묵화 달력 제작 (삼여회 회장)
현대미술 (서은회 회장)
랍아트 아카데미 미술협회 기획총무이사 ('수묵에서 랍아트까지')
그린아트 갤러리 작품 소장 (수묵산수)
은평문화예술회관 시화전 다수 (2001~2018)
창조문학 연간집 표지화 (2003~2015)
대한민국 서예 문인화대전 초대작가

보하 덕수 장엄가
한화덕 선문집

2023년 12월 4일 인쇄
2023년 12월 4일 발행

지은이 한 화 덕
펴낸이 신 용 호
펴낸곳 창조문학사

서울 서대문구 홍은동 397-26 동천아카데미 5층
등록번호 제1-263호
전화 374-9011, Fax 374-5217
공급처 한국출판협동조합 전화 716-5616~9

값 15,000원
ISBN 978-89-7734-804-2